Collection Notre école

Titre ....

Cahiers de morales

Cahier appartenant à ....

École de ....

W0213059

"Suis le droit chemin"

Rachel Grunstein – Henri Mérou – Jérôme Pecnard

Cahiers de morales

les arènes

Morales d'hier, leçons d'aujourd'hui

À quoi sert l'école? À écrire, à lire et à compter, bien sûr. Mais aussi, pensaient les hussards de la République, à respecter ses semblables, à former de bons citoyens. Dès lors, la classe commence invariablement par la maxime que le maître inscrit à la craie sur le tableau noir et que l'élève recopie sur son cahier. L'exigence morale se prolonge dans les dictées, rédactions ou problèmes.

L'école de la IIIe République était une école de combat. Les idées sont présentées dans un langage simple, comme autant de petits slogans. Avec rigueur, le maître martèle encore et encore les principes de la morale républicaine. Élève travailleur, enfant respectueux, l'écolier doit devenir un bon citoyen dévoué à sa patrie. Cette vision du monde trouve son apogée avec la guerre de 1914-1918 et dans les années qui suivent la victoire de « la Grande France », communiant au culte des poilus disparus.

Il faut sans cesse rappeler aux jeunes écoliers leurs devoirs: travailler, obéir, être poli, ne pas mentir. L'histoire des cahiers de morale est aussi une histoire de la société française: il fut une époque où c'était un progrès que les enfants ne boivent « que du vin coupé d'eau »! De même, les conseils de propreté reflètent l'hygiène approximative de la première moitié du XXe siècle, où les bains étaient rares.

Ces phrases nous font aujourd'hui sourire par leur naïveté charmante ou frémir par leur rigueur et leur intransigeance. Bon nombre nous paraissent incongrues, décalées, désuètes ou myopes. Mais cette plongée dans les cahiers d'écoliers de nos parents ou de nos grands-parents nous apprend d'abord l'humilité, et ce n'est pas la moindre des leçons de morale à en tirer!

Rachel Grunstein

255-Z-60

J'honore ma famille

Mardi 22 Mai 1951

Je veux faire plaisir

à papa et a maman

Je veux faire plaisir

a papa et a maman

Je veux faire plaisir

a papa et a mamar

Je veux faire plaisir

a maman et a pap

Je veux fire plaisir

B

les parents doivent beaucoup travailler
pour élever leur famille. Bien souvent
même ils veilles tard pendant que
veillent
les enfants dorment

La famille

Je veux aider ma maman en lui évitan
t du travail: j'évite de me salir, de
me dechirer, je range mes affaires, etc...

La famille

D'es aujourd'hui, j'obéirai tout de su
ite a ma maman, sans jamais grogn
er

<u>Morale</u> Le fils reconnaissant.

Je me souviendrai toujours de tout ce que
mes parents ont fait pour moi.

Samedi 28 Mai 1948

Morale

La fête des mères

Demain tous les enfants de France, comme vous souhaiterent à leur maman une joyeuse fête et leur offrirant un petit cadeau

Morale

Oh, l'amour d'une mère, amour que nul n'oublie. V Hugo

Dictée préparée - Maman -

2 fts 1/2 A Bien

Maman, tu ~~et~~ toute petite, tu portes un bonnet blanc, un ~~corsage~~ noir et un tablier bleu. Tu marches dans notre maison, tu ranges le ménage, tu fais la cuisine, et tu ~~et~~ maman. Tu te lèves, le matin, pour balayer et puis tu prépares la soupe et tu viens m'éveiller.

es

corsage.

es

Rédaction

Maman

1º Tout ce quelle a fait et tout ce quelle fait pour moi chaque jour

2º pourquoi je l aime.

3º comment je le lui montre.

4º comment je me conduirai en vers elle quand sera vieille.

Développement

En famille je vis avec maman et grand'm

La douce femme qui ma élevée s'appelle maman.

quand j'étais petite elle me tenait da ses bras et elle me couchait dans un l bien chaud.

chaque jour elle prépare mes repas.

quand je suismalade ma chère petite m man me soigne bien tendrement.

quand j'ai du chagrin elle me dema de ce que j'ai et m'embrasse

Oui j'aime beaucoup ma chère mam

Pour le lui montrer je travaille bien à l'école et quand je suis rentrée je tra l'embrassez vous l'aide dans son travaille.

parfois?

Au printemps je lui donne des fleurs.
quand elle sera vieille et ne pourra plus
marcher je la soignerai à mon tour.

bon devoir

8/AS.

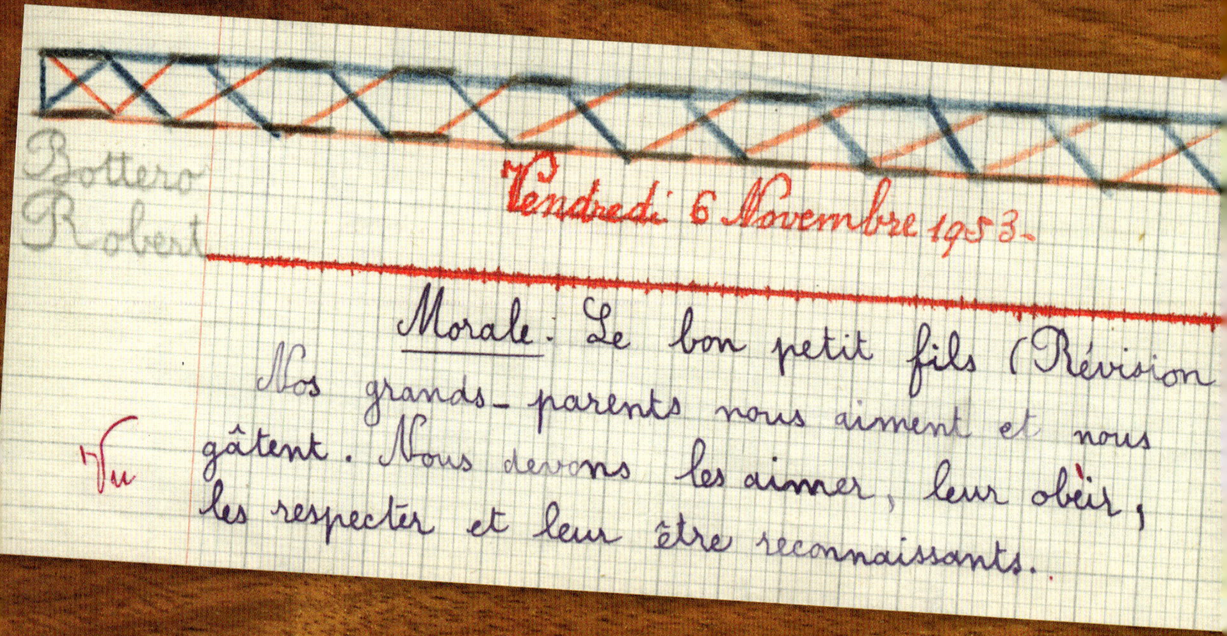
Bottero
Robert

Vendredi 6 Novembre 1953.

Morale. Le bon petit fils (Révision

Vu

Nos grands-parents nous aiment et nous gâtent. Nous devons les aimer, leur obéir, les respecter et leur être reconnaissants.

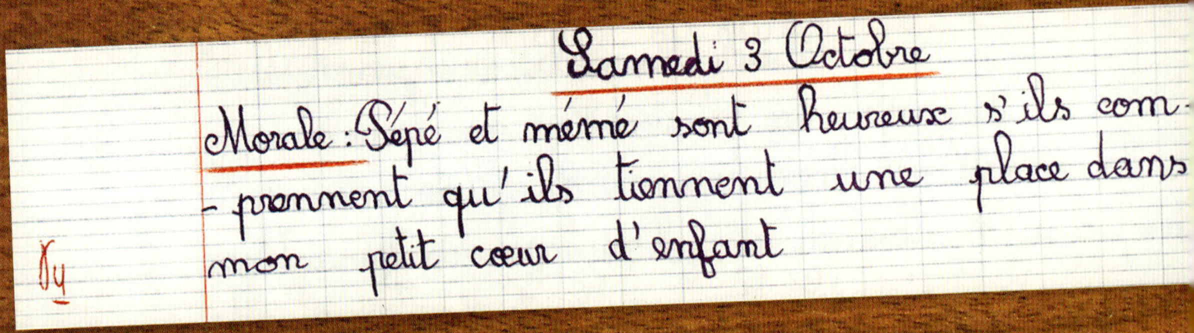
Samedi 3 Octobre

Morale : Pépé et mémé sont heureux s'ils com-prennent qu'ils tiennent une place dans mon petit cœur d'enfant

Vu

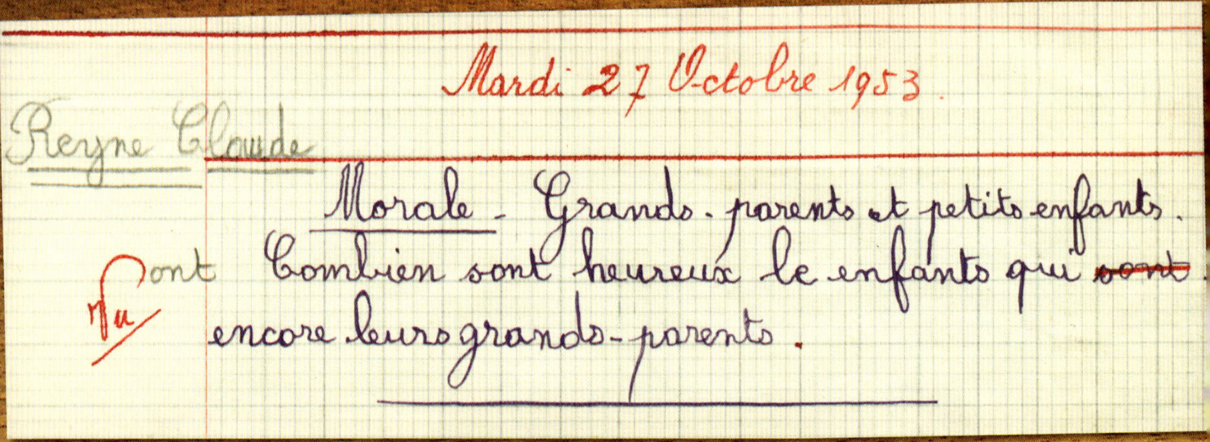
Mardi 27 Octobre 1953.

Reyne Claude

Morale - Grands-parents et petits enfants.

Vu

ont

Combien sont heureux le enfants qui ~~sont~~ encore leurs grands-parents.

Cahier d ______________________ Appartenant à ______________________

LES BIENFAITS DE LA MUTUALITÉ

Assurances contre la Maladie

Non mutualiste. — **Travail impossible ; désespoir du malade.** *Mutualiste.* — **Besogne effectuée ; tranquillité morale.**

Je travaille et je suis économe

— Mois de Juin 1914 —

10

Ecriture

honneur aux travailleurs.

honneur aux travailleurs.

honneur aux travailleurs

Tous les homes doivent travailler

Tous les hommes doivent travailler.

Tous les hommes doivent travailler

Les vrais nobles sont ceux qui travaillent

Les vrais nobles sont ceux qui travaillent.

Les vrais nobles sont ceux qui travaillent.

Lundi 25 mai 1908

Dictée : La loi du travail.

Petit Français sois un brave enfant dans ta famille, un écolier studieux à l'école. Pour l'instant, on ne t'en demande pas d'avantage. Mais demain, quand tu ne seras plus un enfant, mais un homme, quels seront tes devoirs ? Le premier de tous, mon enfant, sera d'être un bon travailleur. Que tu fasses une chose ou une autre, que tu sois avocat, médecin, ingénieur, caissier, employé, commerçant, cultivateur, ouvrier, le premier de tous les devoirs est de travailler. Qu'on le fasse de ses mains ou de son cerveau, il faut que tout le monde travaille, et ceux qui travaillent de leurs mains ne sont pas toujours ceux qui besognent le plus rudement. Tous les travailleurs sont également honorables. Sais-tu quel est l'homme méprisable ? C'est celui qui ne fait rien, celui qui se borne à profiter du travail des autres sans en accomplir lui même aucun.

3 janvier 1938

L'amour du travail

1°) **Pourquoi nous devons travailler.**

Le travail est un devoir et un plaisir.

L'écolier ne doit pas travailler seulement par crainte ou par émulation.

Le paresseux est un malheureux et un malade

2°) **Comment nous devons travailler.**

Il est nécessaire d'apprendre à travailler.

Pour cela, il faut fixer sa tâche; préparer s outils; se mettre à la besogne sans flâner; écon miser son temps; et persévérer.

3°) **Utilisation de nos facultés:**

Nos deux grands instruments de travail, au servi de la raison, sont l'attention et la mémoire. M l'essentiel est de travailler avec méthode.

10 janvier 1938 «Tu gagneras ton pain à la sueur de ton front.»

«Le travail éloigne de nous trois grands ~~mots~~ maux: l'en le vice et le besoin» Voltaire.

« Ah ! tu te déclares fainéant ! prépare-toi à travailler… Le travail est la loi ; qui le repousse ennui, l'aura supplice…. Tu ne veux pas être ouvrier, tu seras esclave… Le plus rude des travaux c'est le vol. Crois-moi, n'entreprends pas d'être un paresseux »

Les Misérables.

Discours de Jean Valjean au précoce bandit Montparnasse

,………

Et vous enfin, batteurs de fer, forgeurs d'airain,
Visages d'encre et d'or, trouant l'ombre et la brume,
Dos musculeux tendus ou ramassés soudain
Autoux de grands brasiers et d'énormes enclumes,
Lamineurs noirs, bâtis pour un œuvre éternel,
Je vous porte en mon cœur puissant et fraternel.

Verhaeren

---

17 janvier 1938

L'amour de la vérité

1°) <u>La curiosité</u>

L'homme est naturellement curieux ; Il désire con-

Fais bien ce que tu fais. Fais bien ce que tu

Morale

Il faut travailler pour arriver à de bons resultat

Le travail procure des joies : joie du travail bien fait, joie de la réussite après l'effort. Et le repos est bien meilleur quand on l'a vraiment mérité

AB

Lorsqu'on est en groupe, il faut faire sa part

Pass. de travail commun. Le paresseux est un

encombrant, un inutile. On le méprise on

l'évite.

L'avarice perd tout. L'avarice p

4 L'avarice perd tout. L. L. L. L. L

Pierre glissait dans sa tirelire toutes les petites pièces qu'on lui donnait |. Il disait qu'il apprenait ainsi l'économie ||. chacun pensait au contraire qu'il était guidé par l'avarice ||. mais, aux, vacances pierre s'acheta un appareil photographique | avec l'argent qu'il avait amassé | nous comprîmes alors que pierre est un sage ||

B

0 faute

Morale - Avarice - Prodigalité.

Le prodigue dépense inutilement tout ce qu'il a. Je ne serai ni avare ni prodigue ; je serai sagement économe.

Vu

Dictée

Un sou par jour

Bien

Un bon ouvrier se suffit aisément tant qu'il trouve du travail et qu'il a la force de travailler Mais le jour où l'outil lui tombe des mains son épargne n'est pas toujours suffisante pour le mettre à l'abri du besoin pendant les années qui lui restent à vivre.

Or, voici ce qu'on peut faire avec un sou économisé chaque jour et bien employé. Il existe une institution utile, entre toutes qu'on appelle la Caisse nationale des retraites pour la vieillesse.

1/2 Voici en deux mots en quoi elle consiste. Vous versez chaque année une certaine somme à cette Caisse. Cette somme fait la boule de neige et quand vous n'êtes plus capable de travailler la Caisse vous sert une pension jusqu'à la fin de vos jours.

1 Celui qui à partir de seize ans verse ainsi un sou par jour touchera, à l'âge de soixante-ans une retraite annuelle de deux-cent-cinquante francs.

faute 1 1/2

Le correcteur Cochet

P. Laffitte

Ecriture

L'oisiveté est la mère de tous les vices.
L'oisiveté est la mère de tous les vices
L'oisiveté est la mère de tous les vices
L'oisiveté est la mère de tous les vices
L'oisiveté est la mère de tous les vices

Vous pouvez faire mieux voyons. Du courag

L'oisiveté est mère de tous les vices

Vendredi, 4 Juillet 1947.

Grammaire

Une chemise blanche; une parole fausse; une place publique; une liqueur douce; une poire mo
une chevelure rousse; une soeur jumelle; une dépense folle; de la viande fraîche; une belle

La Civilité et le Savoir-Vivre

La civilité hors de chez soi. — (*A la ville, à la campagne, etc.*)

Collection C. CHARIER.

Tous droits réservés.

Je suis poli et bien élevé

Aimez qu'on vous
conseille et non pa
qu'on vous loue. Ai
mez qu'on vous cons
eille et non pas qu
on vous loue. Aimez

Aimez qu'on vous co

nseille et non pas qu

'on vous loue. Aimez

qu'on vous conseille

et non pas qu'on vous

loue Aimez qu'on

Le menteur ne songe rienque a dire
des mensonge. Il raconte ce ce qu'il
ne faut pas. a léo l'école il ne fait
rien sans dires des mensonges et on se ma
que de lui il ne faut pas dire des
mensonge

Ne dis pas du mal des autres.

Ne dis pas du mal des autres

Ne dis pas du mal des autre

Ne dis pas du mal des autres.

Ne dis pas du mal des autres.

bg

Morale. _ Respect de l'honneur et de la réputation.
Dire du mal qui est faux dans l'intention de nuire ; c'est de la calomnie ; dire du mal qui est ~~est~~ vrai sans nécessité, c'est de la médisance.
Je veillerai sur mes paroles, et je ne serai ni médisant, ni calomnia

---

f!

Parole donnée est chose sacrée. Il faut toujours tenir ses promesses pour mériter la confianc qu'on a bien voulu mettre en nous.

Morale

Personne n'aime les rapporteurs Je ne rapporterai pas, mais si j'ai fait une faute je le dirai.

Il est toujours facile d'être courageux de loin. C'est en l'étant au moment même où on doit l'être

Passb qu'on se montre vaillant

ce n'est pas joli de siffler à la maison ; un petit garçon bien élevé ne siffle jamais devant les gens.

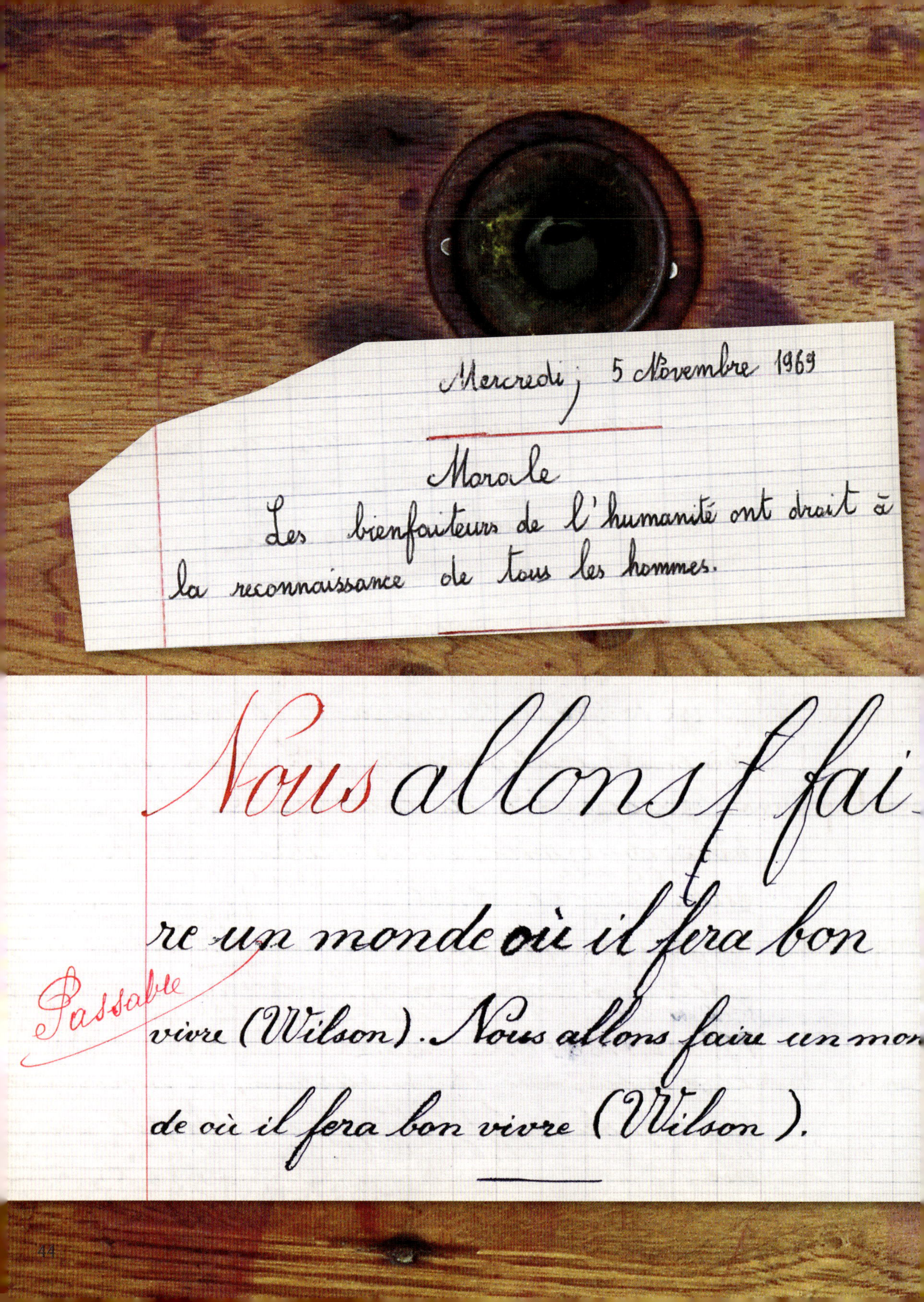
Mercredi, 5 Novembre 1969

Morale

Les bienfaiteurs de l'humanité ont droit à la reconnaissance de tous les hommes.

Nous allons fai-
re un monde où il fera bon
vivre (Wilson). Nous allons faire un mon-
de où il fera bon vivre (Wilson).

Passable

Samedi 5 mars

Morale : pour servir mon prochain, je ne m'embarasse pas de son culte

---

Mardi 8 mars

Morale : nul ne doit être inquiété pour ses opinions

Epreuves sur feuilles

Mercredi 9 mars

Morale : l'important, pour arriver à s'entendre, est de penser sincèrement, d'être de braves gens, des hommes de bonne volonté

Vendredi, 29 Avril 1927

Morale. Respect des ~~croyances~~ opinions et des croyances.

Je serai tolérant à l'égard de mes semblables. Je respecterai leurs croyances, leurs opinions, leurs sentiments, et je n'aurai point de haine pour ceux qui ne pensent pas comme moi. Je serai indulgent pour les autres. Je saurai souffrir la contradiction

Il ne faut pas êtr

esclave de ses désirs.

Je suis propre et je ne bois pas d'alcool

AUX ÉLÈVES DES ÉCOLES

IL EST DÉFENDU

1° **DE CRACHER A TERRE**;

2° **DE MOUILLER SES DOIGTS DANS SA BOUCHE** pour tourner les pages des livres et des cahiers;

3° **D'INTRODUIRE DANS SON OREILLE** le bout d'un porte-plume ou d'un crayon;

4° **D'ESSUYER LES ARDOISES EN CRACHANT DESSUS** ou en y portant directement la langue.

5° **DE TENIR DANS SA BOUCHE** les porte-plumes, les crayons, les pièces de monnaie, etc.;

Voulez-vous savoir maintenant pourquoi ces défenses vous sont faites ? Demandez-le à vos maîtres qui vous donneront les explications nécessaires.

Souvenez-vous enfin que vous ne devez pas seulement obéir vous-mêmes à ces prescriptions, mais que vous avez encore le devoir de les faire connaître à tout le monde.

Samedi, 17 juin

dictée

Une toilette soignée

Les enfants sortent du bain.
Leurs che~~x~~veux sont bien peigné
leurs souliers sont bien cirés
Leurs ongles~~t~~ sont blancs et
roses. ils ont lavés leurs dents
tout seuls

devoir

1 Analyser : enfants - bain - ro

GEOMETRIE

Morale - La propreté

La propreté c'est la santé. Je serai toujours propre sur tout mon corps

La propreté est à l'homme ce que le parfum est à la fleur La propreté est à l'homme ce que le parfum est à la fleur. La propreté est à l'homme ce que le parfum est à la fleur

Pour se bien porter il faut surveiller s
alimentation.

I Le manger : Il faut se nourrir d'aliments nutrit
: Ce sont généralement ceux qui coutent
moins cher.
2° Il faut prendre ses repas à des heures ré
lière.
Il faut manger suffisamment mai
pas trop
3° Il faut manger très lentement en
mastiquant bien.

II La boisson : La meilleure boisson et l'eau
potable. Il ne faut pas abuser du vi

Les exercices physiques entretiennent la santé
Ils délassent l'esprit, fortifient notre corps et
nous rendent souples et adroits, nous donnent
du courage, de la hardiesse du sang-froid et
nous permettent de nous tirer du danger et
d'en tirer nos semblables. — Maxime — je
laisse après moi trois grands médecins :
l'exercice, la sobriété et l'eau tiède.

Ecriture.

Entretenez la vi=
gueur du cops pou
conserver celle de
l'esprit. Entrete=
nez la vigueur
du corps pour
conserver celle de

L'Homme
LE PLUS FORT du MONDE
déclare :
PHOTO KAL - PARIS
Studio Kal
Le Secret de ma Force
PAS D'ALCOOL
Ch. Rigoulot
COMITÉ NATIONAL DE DÉFENSE CONTRE L'ALCOOLISME
147, Boulevard Saint-Germain - PARIS (6e)
(RECONNU D'UTILITÉ PUBLIQUE)
Affiche dispensée de la taxe sur la publicité

N°22 Antialcoolisme L'ivrognerie

j'ai rencontré un ivrogne qui avançait en titubant sur la route. Il parlait seul prononçait des paroles sans suite. Les yeux gonflés semblaient lui sortir du visage, il avait la figure ~~extasiée~~ rouge par la fièvre de l'alcool, il ne pouvait se tenir sur ses jambes. Tout à coup il perdit l'équilibre et tomba lourdement se meurtrissant le front, se débattre dans la boue. Oh quel triste spectacle et qui doit bien nous donner le dégout de boire,

Cet homme était il y a peu de temps un bon ouvrier. Maintenant ils ne travailleplus, il n'apporte plus d'argent à la maison il frappe sa femme et ses enfants Toujours ivre il donne le spectacle d'un homme qui s'est ravalé au rang des bêtes. Qui sait ce qui lui arrivera encore? Le déshonneur est là qui le guette?

L'ivresse

L'omme ivre ne sait pas ce qu'il fait.

Que pensez-vous de l'alcoolisme ?

L'alcoolisme est une maladie dangere se qui provient de l'alcool et détruit notre organisme.

2

Morale. Sobriété et tempérance

Etant jeune je prendrai l'habitude de ne jamais boire de vin pur.

Morale

La sobriété

La sobriété consiste à ne faire aucun excès dans les aliments. Leur usage modéré rend le corps souple, l'intelligence vive et la volonté prête à agir. La nourriture frugale conserve la santé. Les mets rechercher délabrent l'estomac et amènent le manque d'appétit. Evitons la gourmandise. Elle conduit l'enfant à voler en cachette et les famille à la ruine. — Maxime. — Il faut manger pour vivre et non vivre pour manger.

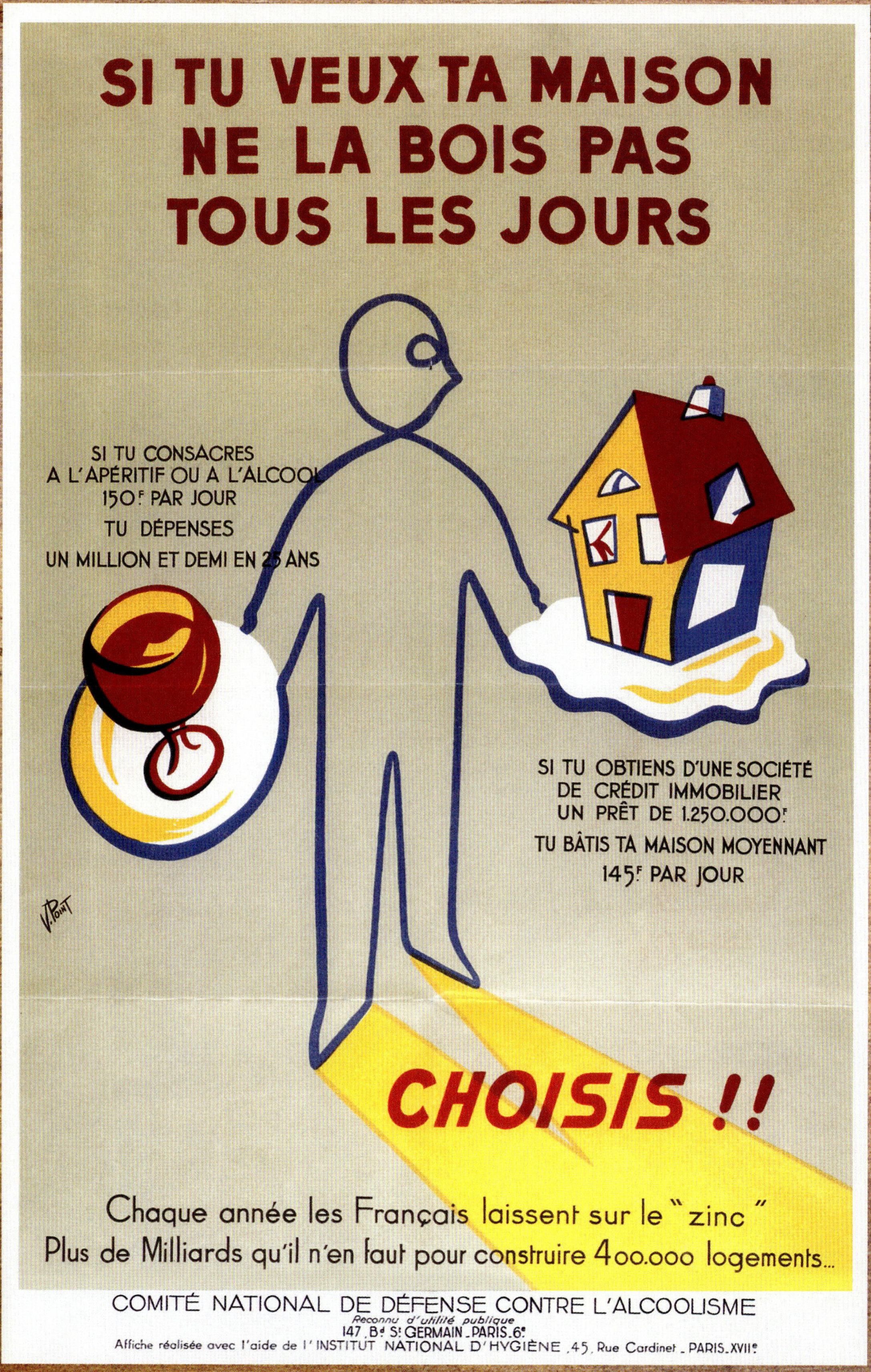
SI TU VEUX TA MAISON
NE LA BOIS PAS
TOUS LES JOURS
SI TU CONSACRES
A L'APÉRITIF OU A L'ALCOOL
150F PAR JOUR
TU DÉPENSES
UN MILLION ET DEMI EN 25 ANS
SI TU OBTIENS D'UNE SOCIÉTÉ
DE CRÉDIT IMMOBILIER
UN PRÊT DE 1.250.000F
TU BÂTIS TA MAISON MOYENNANT
145F PAR JOUR
CHOISIS !!
Chaque année les Français laissent sur le "zinc"
Plus de Milliards qu'il n'en faut pour construire 400.000 logements...
COMITÉ NATIONAL DE DÉFENSE CONTRE L'ALCOOLISME
Reconnu d'utilité publique
147, Bd St GERMAIN - PARIS-6e
Affiche réalisée avec l'aide de l'INSTITUT NATIONAL D'HYGIÈNE, 45, Rue Cardinet - PARIS-XVIIe

Vve Léon HAYARD, Imprimeur, 8, rue du Croissant — PARIS

Je suis fier de mon pays

À la Patrie

Ton nom, France, est si doux qu'il me semble, à l'enten
Que l'air en est plus pur et le soleil plus beau
Nos mères l'ont appris à leurs fils au berceau,
Ce beau nom que nos fils aux leurs sauront apprendr

Des terres de l'Alsace aux plaines de la Flan
De la rive du Rhin jusqu'aux bords de l'Esca
Autour des trois couleurs qui forment ton drapea
Tes enfants sont debout, France, pour te défendr

Venus de la forêt du mont ou du labour,
Leurs cœurs en un seul cœur battent d'un même am
Un élan fraternel les emporte et les lie.

Et tandis qu'à la gloire ils s'en vont en chantant
Laisse-nous humblement, laisse-nous, Ô Patrie !
Laver tes beaux pieds nus qui marchent dans le s

Henri de Régnier

Cahier d à
En Avant
La Jeune France !
Pain d'Epices BROCHET Frères

Nous devons garder fidèlement le souvenir de nos morts, fleurir leur tombe, conserver les choses qu'ils aimaient, parler d'eux avec ceux qui les ont connus.

Jeanne d'Arc est notre héroïne nationale. C'est de sa tendresse et de son sang qu'est née la Patrie

Onze Novembre 1940.

Ce jour là, au Lycée, fut évoquée avec émotion la mémoire des maîtres et des élèves morts pour la Patrie « Morts pour la France » dit un professeur, grand mutilé de l'autre guerre en déroulant la longue liste, incomplète encore de nos martyrs.

La lecture s'achève. La sonnerie de l'appel aux morts retentit Les têtes se courbent. Vision rapide d'un passé douloureux. Des fleurs symboliques sont ensuite déposées devant la plaque ~~de~~ et la cérémonie prend fin

bien

Nous aimons notre Patrie instinctivement. Nous l'aimons plus encore quand nous apprenons qu'elle est belle, que son passé est un effort vers la liberté, la justice et la fraternité

Vu

Morale

Je témoignerai mon amour à ma Patrie obéissant à ses lois en travaillant à sa grandeur et à sa prospérité et en la défendant s'il le fallait jusqu'à la mort.

Morale

Soyons fier d'être Français.

Vendredi 15 Novembre

Honorons les morts pour la France.

En moins d'un quart de siècle la France a connu deux terribles guerres. Beaucoup de ses flis sont tombés au service de la Patrie. Honorons ces glorieuse morts. Promettons leur dé aider nous aussi humbles enfants d'un tout petit village de France, au relèvement. de la patrie. Honorons, aimons et respectons le travail; aimons et respectons la famille. Obéissons et ayons foi au chef de l'Etat, le Maréchal. Pétain.

fils

bien

Avoir des gloires communes dans le passé une volonté commune dans le présent avoir fait de grandes choses ensemble vouloir en faire encore voilà les condition essentielle pour être un peuple " Renan

Vu

Les méchants n'ont point d'ami.

Lecture. – Trait de bonté.

Système métrique. – Composition mensuelle.

Sciences. – Plantes médicinales (c. spécial)

Lecture.

Dictée

Courage ~~héroïque~~ héroïque

Le 20 septembre 1925, un régiment apprenait le maniement de nouvelles grenades. Un petit fantassin s'apprêtait à lancer sa ~~gren~~ grenade au loin, quand, l'ayant heurté, l'engin tomba à ses pieds. Il s'enflammait déjà. Trentes hommes et officiers l'entouraient. Le petit fantassin comprit le péril et sans prendre le temps de réfléchir il se coucha sur la boite infernale. A l'instant même elle sautait et le pauvre corps du soldat disloqué retombait en pluie de pourpre sur les assistants terrifiés dont il venait de sauver la vie. C'est ~~te~~ certainement le suicide le plus sublime que l'humanité ait connu.

1 faute
Nivals

B

Corrections –

Trente.

Cahier d.................................... *Appartenant à*....................................

Le Livre d'Or des Enfants courageux.

Les Marie-Louise

COLLECTION GODCHAUX. DÉPOSÉ.

DATE :
(jour, mois, année)

(Titre du devoir) Ecriture

Patrie ! Comme ce
mot résume bien
toutes nos affections

résonne agréablement à nos oreilles.
Patrie ! Comme ce mot résume bien
toutes nos affections, résonne agréablement
à nos oreilles. Patrie ! Comme ce mot résume bien
toutes nos affections, résonne agréablement à

Fait en classe et sans secours étranger,
le 12 février 1889
Signature
de l'élève : Hélène Prehy

Note et visa de l'institut
6 8
J. Ducroy

H. et Cie, — Paris.

…di 9 Novembre 1939 ~ Victor Hugo ~

Hymne

Ceux qui pieusement sont morts pour la Patrie,
Ont droit qu'à leur cercueil la foule vienne et prie.
Entre les plus beaux noms, leur nom est le plus beau
Toute gloire près d'eux, passe et tombe éphémère
Et comme ferait une mère
La voix d'un peuple entier les berce en leur tombeau.

Gloire a notre France éternelle !
Gloire a ceux qui sont morts pour elle !
Aux martyrs ! aux vaillants ! aux forts !
A ceux qui enflame leur exemple
Qui veulent place dans le temple
Et qui mourront comme ils sont morts.

HOM
TIR FRANÇAIS

E A NOS DÉFEN
VIVE LA FRANCE
PARFU

Je m'applique à l'école

L'école est une famille

nt l'instituteur est le père

Lundi 5 Octobre 1953

Morale

J'arriverai à l'école avec le désir de bien (travo) travailler, de mieux travailler. J'écouterai attentivement les leçons du maître et je m'appliquer à mes devoirs.

Devoirs envers l'instituteur,

Nous devons saluer notre maître partou
où nous le rencontrons. Notre maître rem
place nos parents ; il nous fournit chaq
jour l'intruction et l'education. Nou
devons lui <u>obéir</u> et ne pas l'obliger à nous
réprimander et à nous punir.
Remplissons tous nos devoirs d'écolier e
nous serons plus tard un bon citoyen.

Mercredi 16 Septembre 1953

Morale

Au début de cette nouvelle année scolaire, je prends la résolution d'être une bonne écolière, docile et studieuse.

Le paresseux est
le frère du mendient.

Le paresseux est le frère du mendient. Le parresseux est le frère

Devoirs des enfants à l'école.

Si nous voulons acquérir à l'école l'instruction et l'éducation nous devons être ; assidus c'est-à-dire ne pas manquer la classe, exacts, arriver toujours à l'heure ; attentifs, bien écouter les leçons du maître ; dociles, travailleurs, ne pas perdre natre temps et bien nous appliquer.

Craignez et fuyez l'oiseveté.

Morale : Un ignorant est un inutile qui regarde les autres.

16 mai 1938

Devoirs envers les camarades

La camaraderie et l'amitié

I La camaradarie.

C'est le lien qui esciste entre gens qui vivent de la même manière et ont les mêmes occupations.

La camaraderie scolaire implique la bonté, l'entr'ai la franchise et la bonne humeur et la tolérance.

Il esciste une mauvaise camaraderie qui ressemble à u ne complicité.

II L'émulation.

L'émulation est un sentiment qui pousse à vouloir surpasser les autres.

C'est un élément de vie dans une classe à condition d'e clure toute jalousie.

La meilleure émulation, c'est l'émulation avec soi-m

III L'amitié.

La camaraderie n'est pas l'amitié mais la prépare.

Les amitiés d'enfance les plus solides, esigent, comme toute amitié des conditions.

Le choix des amitiés est d'une importance capitale pour l'avenir jeunes gens.

Morale
Pass
Petit écolier, tu n'as qu'à faire de ton mieux
et tout ira bien

Quicon Quiconque sait lire est
un homme sauvé Quicong
sait lire est sauvé Quicon
que sait lire est un homme
sauvé Qui Quiconque sait
un
lire est un homme sauvé.
uiconque sait
Quiconque sait lire est u
sauvé
homme sauvé Quiconque sai
est un
lire est un hk homme sauvé
Quiconque sait lire est un
homme sauvé Q Quicong
sait lire est un homme
sauvé
7
15

H Guillen

L'assiduité est la qualité de l'enfant
qui ne manque jamais la classe
Un enfant courageux ne manque jamai
la classe, à part les cas de maladie
sérieuse

Je veux m'appliquer à rendre la tâche
de ma maîtresse moins pénibles. Je ~~sui~~
serai~~x~~ obéissante et plus tard reconnais-
sante.

Grammaire Lucienne est une bonne petite écolière de huit ans
Sa maîtresse l'aime parce qu'elle est obéissante,
TB travailleuse et sage. Ses amies l'aiment parce
9½ qu'elle est affectueuse et complaisante. On dit de
Lucienne qu'elle est une petite fille sérieuse, polie
et aimable

conseils aux écoliers

vous trouvez quelquefois que vos maîtres sont
trop sévères ; mais vous vous trompez sans
doute, et si vous connaissiez les motifs
qui les agir, vous seriez obligé de reconnaître
~~qu'ils~~ qu'ils ont raison. Plus d'une fois,
déjà, vous vous êtes aperçu, quand le
premier mouvement de dépit s'était
calmé, que ~~mes pt~~ vos plaintes étaient
injustes et que la ~~pt~~ punition qu'on vous
avez infligée n'était, après tout, qu'un acte

de justice. Peut-être en est-il toujours
ainsi, et, au lieu de vous plaindre
d'une manière quelquefois qu peu
respectueuse, vous feriez mieux de
chercher à vous corriger. vous négli-
gez souvent vos devoirs ; vous les faites
trop vite et vous les faites mal
n'êtes vous pas alors dans votre tort
toutes les fois que cela vous arrives

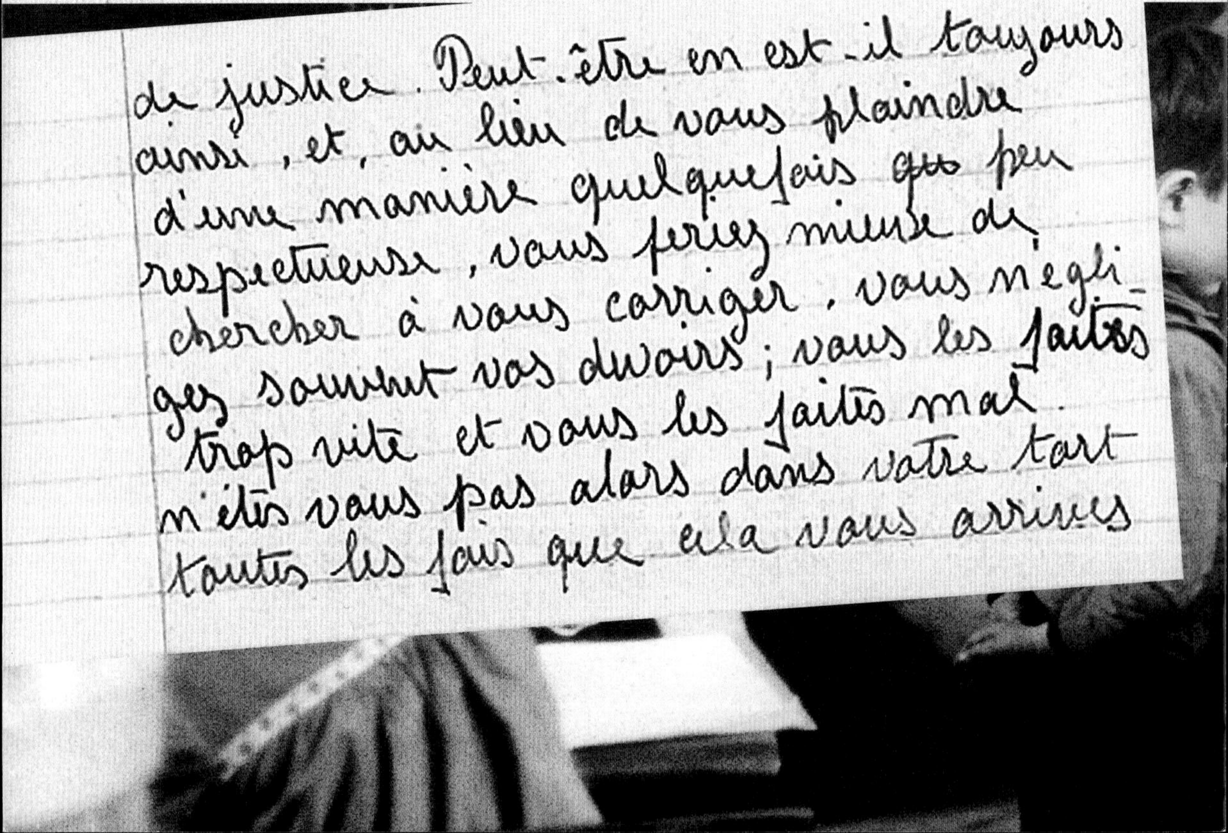

le caillou - le verrou.
la boue - la roue - la joue -
la toux.
15 : 3 =
15 | 3
0 | 5

Donnez vos cahiers !

Depuis plus de vingt ans, Henri Mérou sillonne les routes à la recherche de cahiers oubliés au fond de nos greniers ou dans les écoles de nos villes et de nos campagnes. Il a ainsi constitué une collection riche de milliers de cahiers, véritable mémoire de notre passé d'écoliers. Cet ouvrage n'aurait pas vu le jour sans aide. Vous pouvez vous aussi enrichir cette collection en ne jetant plus vos cahiers et en les envoyant à :

Henri Mérou – Association « En marge des cahiers »
Boulevard Salve – 04110 Reilhanne – Tél. : 04 92 76 46 47 – fax : 04 92 76 46 88 – E. mail : henri.merou@free.fr

Crédits photos

Couverture : Musée national de l'Éducation-INRP
Tous les cahiers proviennent de la collection d'Henri Mérou.

Musée national de l'Éducation-INRP : page 80 — Coll. Jonas/Kharbine Tapabor : 2e plat de couverture, pages 62-65 ; Coll. Kharbine Tapabor : pages 48-64-72 — Imagerie Rossignol/Coll. Kharbine Tapabor : page 76 — Keystone : pages 2-4-53 — J. Niepce/Rapho : pages 13-26 — J.- Ph. Charbonnier : page 10 — R. Gamet/Rapho : page 23 — N. Dumas/Rapho : page 69 — R. Doisneau/Rapho : pages 42-46-54-87 — Desjardins/Rapho : page 94 — S. Weiss/Rapho : pages 38-50 — Coll. Roger-Viollet : pages 6-15-16-19-58-60-92 ; Gaston Paris/Roger-Viollet : page 8 ; Albin Guillot/Roger-Viollet : page 88 ; Lapi/Roger-Viollet : page 14 — AKG : page 49 — P. Zachman/Magnum : page 84 — AGIP/Rue-des-Archives : page 91 — Coll. J. Pecnard : pages 7-21-35-49-56-65-78.

Conception : Laurent Beccaria – Création graphique : Jérôme Pecnard
Iconographie : Rachel Grunstein – Coordination éditoriale : Jean-Baptiste Bourrat.
Correction : Isabelle Souchard – Photogravure : Les Artisans du Regard.

Une collection

Tous droits réservés pour tous pays. © Les Arènes, Paris, 2006

3, Rue Rollin 75005 Paris France – Tél. : 01 42 17 47 80 – Fax : 01 43 31 77 97
E.mail : arenes@arenes.fr
ISBN 10 : 2-35204-008-6 – ISBN 13 : 978-2-35204-008-8

Achevé d'imprimer

Cet ouvrage a été achevé d'imprimer en juillet 2006 à Malaisie sur les presses de l'imprimerie Tien Wah Press.
Dépôt légal : septembre 2006.

Collection Notre école

RÉFLÉCHIR AVANT D'AGIR

Nous voici dans la rue : des enfants jouent ensemble à ce jeu dangereux que leurs parents et leurs maitres leur ont mille fois interdit : ils se lancent des pierres. Tout à coup, l'un d'eux est atteint au front. il saigne... *Il a l'œil crevé.* Le coupable dira qu'il ne l'a pas fait exprès. Belle excuse, ma foi ! Son camarade n'en est pas moins blessé pour le reste de sa vie.

Voyez aussi ce garçon qui mange une orange ; il en jette les pelures sur le trottoir. Il ne réfléchit pas un instant aux conséquences possibles de son action. Quelqu'un peut mettre le pied sur une de ces pelures, glisser et se casser la jambe.

On a dit avec raison : « Toute action insérée par nous dans le tissu des événements humains peut avoir des suites incalculables. » Voici, par exemple, une ménagère qui jette dans la rue une bouteille devenue inutile ; la bouteille se casse et ses débris jonchent le sol. Un enfant peut tomber sur ces débris et se blesser très grièvement, un cheval peut s'estropier, etc. Voici Louise que sa mère a chargée d'allumer le feu. Malgré ses efforts, le feu ne prend pas. Elle verse dessus du pétrole. Aussitôt une flamme s'élève, met le feu aux vêtements de Louise, l'enfant est brûlée assez sérieusement et un incendie se déclare dans la cuisine, menaçant de s'étendre à toute la maison.